INSTITUT DE FRANCE.

LES
FÊTES PUBLIQUES

PAR

M. BAUDRILLART

DE L'ACADÉMIE DES SCIENCES MORALES ET POLITIQUES

Lu dans la séance publique annuelle des cinq Académies
le samedi 25 octobre 1873.

PARIS
TYPOGRAPHIE DE FIRMIN DIDOT FRÈRES, FILS ET Cie
IMPRIMEURS DE L'INSTITUT DE FRANCE, RUE JACOB, 56

M DCCC LXXIII

INSTITUT DE FRANCE.

LES

FÊTES PUBLIQUES

PAR

M. BAUDRILLART

DE L'ACADÉMIE DES SCIENCES MORALES ET POLITIQUES

Lu dans la séance publique annuelle des cinq Académies
le samedi 25 octobre 1873.

On ne nie guère que nos fêtes publiques, quel qu'en soit l'éclat, manquent trop aujourd'hui d'utilité et de grandeur morale. Peut-on réussir à leur en donner davantage? Cette question n'a pas été jugée indigne d'occuper les moralistes et les législateurs. Le moment est-il convenable pour l'agiter? Pendant les trois années qu'a duré l'occupation étrangère, la France n'a pas voulu se laisser distraire de son deuil. En faisant une seule exception, imposée par la visite d'un souverain étranger, Paris montrait que, même sous des charges accablantes, il sait faire encore honneur à ses vieilles traditions d'hospitalité avec ce qui lui reste de sa fortune. Il eût été peu digne d'un grand pays de célébrer par des réjouissances le jour qui, en faisant cesser l'invasion, n'abolissait pas l'amertume des regrets que rien n'efface. Aujourd'hui aucune solennité n'est inscrite sous le nom de fête nationale. Profitons de ce temps d'arrêt. Demandons-nous d'abord s'il y a lieu de maintenir des fêtes publiques.

A en croire certains esprits, le monde est devenu trop vieux pour conserver ces jouets de son enfance et de sa jeunesse. J'ose dire qu'il y a là tout au moins beaucoup d'exagération. On peut douter que la durée plus ou moins longue de l'espèce, les épreuves répétées par lesquelles elle a passé et ne cesse de passer sous nos yeux, aient tant d'influence sur la masse, et nuisent sensiblement à ce besoin de distractions et d'émotions que chaque génération à son tour apporte avec elle. Je cherche vainement, quoi qu'on en ait dit, sur les fronts de vingt ans, la trace de la vieillesse du genre humain. Les vieillards eux-mêmes consentent-ils moins qu'autrefois à être distraits, amusés? Lit-on moins de romans? Va-t-on moins aux spectacles? Loin de là, la plus frivole des représentations, les féeries, plus que jamais attirent la foule. Platon dit quelque part qu'il y a dans tout homme un enfant, παῖς τις. Rassurons-nous : cet enfant n'est pas près de mourir, et si, ce qu'à Dieu ne plaise, cela devait arriver, tenons pour certain que ce ne sera pas à Paris! On y dansait au lendemain de la Terreur, on y dansait pendant la Terreur même. Il n'a jamais eu plus de fêtes publiques que de 1790 à 1796, et le spectacle de la conquête du monde ne l'en détournait pas, non plus que les luttes tragiques de la tribune ne l'avaient détourné des théâtres, restés ouverts, et de l'Opéra, où se rencontraient chaque soir les chefs des partis aux prises qui se proscrivaient le lendemain.

Faut-il s'arrêter davantage à des objections économiques qui remontent pour le moins à l'honnête savetier si gaiement mis en scène par la Fontaine? « *On nous ruine en fêtes* », s'écrie le brave artisan, qui se plaint du trop grand nombre de saints recommandés au prône. Le mal n'est plus là. Il est dans un saint nouveau, qu'aucun prône ne recommande, et qui figure, au commencement de chaque semaine, dans le calendrier du chômage. La superstition du *lundi*, ah! combien de fêtes on pourrait donner avec ce qu'elle coûte à l'économie, à la dignité, au bonheur de la classe ouvrière, à la France! Que les solennités publiques servent à élever, à vivifier le génie national, à développer les arts, et alors qu'on ne dise plus : *Dépenses improductives!* Non, elles ne le sont pas : il n'y a rien de moins improductif que ce qui féconde, enrichit la pensée de l'homme et fait jaillir la source des créations intarissables!

Mais ne voyez-vous pas, ajoute-t-on, que les formes comptent aujourd'hui pour peu? On n'attache plus guère d'importance aux symboles dont les fêtes offrent l'expression ou présentent quelque mélange. Et dans quel moment tient-on ce langage? On déploie partout des signes. On s'émeut pour des signes. Les emblèmes sont traités comme des affaires d'État. Sceptiques et crédules, enthousiastes et frondeurs, tels dans le passé nous nous sommes montrés plus d'une fois. Nous n'avons pas changé tant qu'on dit.

Il y a dans les solennités publiques une grande idée : l'unité vivante de la cité ou de la nation ; nous partageons ses épreuves; nous sommes fiers de ses souvenirs et de ses succès; en elle et avec elle aussi nous nous réjouissons en commun. C'est par cette idée, elle-même impérissable, que ces solennités doivent subsister. Sans doute les amusements et les plaisirs en forment l'accessoire indispensable. Mais ce côté plus sérieux, plus élevé, ne doit pas être omis. Qu'on s'applique donc à le mettre en relief, tout en donnant aux plaisirs mêmes, dans une certaine mesure, le caractère d'une utilité attrayante!

Nos fêtes dites publiques ou nationales — car je ne parle que de celles-là, et je ne voudrais pas qu'on se méprît sur la portée de mes critiques qui seraient injustes adressées à plusieurs autres genres de solennités — répondent-elles à cet idéal? S'en approchent-elles même? Les éléments essentiels, invariables, de ces célébrations, sont présents à tous; ils emportent le plus souvent le caractère d'une banalité un peu frivole. Une joute sur l'eau, si le temps n'y met pas trop d'obstacle, un ballon qui excite une attente d'autant plus vive qu'on n'est jamais sûr qu'il s'élèvera, quelques mâts de cocagne, uniques représentants de la gymnastique, des combats simulés sur des tréteaux par dix ou vingt comparses avec accompagnement de coups de feu pour compléter l'illusion, des étalages d'objets communs qui coûtent plus cher ce jour-là, enfin, au bruit des orchestres qui représentent l'élément musical, des mouvements plus ou moins désordonnés qui figurent la danse, voilà de quoi se compose la fête. Seule la revue militaire, quand elle s'y joint, offre un imposant spectacle, auquel toute grandeur ne manque pas; ce n'est pas seulement l'éclat des armes et des uniformes, et l'art prodigieux de mettre en mouvement de pareilles masses; quelque chose de plus grand encore nous émeut à notre insu, l'idée du courage, du dévouement, de l'ordre, d'une force morale qui au dedans s'appelle la discipline, au dehors l'indépendance, la puissance, l'unité armée de la patrie. Au soir est réservé ce qui forme la partie la plus splendide des fêtes publiques. Il n'y a qu'un cri sur la beauté des illuminations et du feu d'artifice. On dit merveilles des feux du bas, triomphe de cet art nouveau, fort perfectionné depuis que les Italiens nous l'ont apporté au XVIe siècle, qui produit des tableaux tout entiers dessinés avec la poudre, qui peint avec la flamme, qui imite des décorations architecturales, fait tomber des cascades en nappes de feu, représente des arbres, des animaux, des monuments. Non que j'aille jusqu'à prétendre que ces feux ne soient connus que par ouï-dire; mais on ne me contredira pas si j'affirme que l'immense majorité ne les connaît guère autrement et doit, de temps immémorial, se contenter de ce que l'on nomme le *bouquet*. Et encore, que de peine! Que d'accidents aussi! Il en est d'une célébrité historique. Avant de demander d'autres perfectionnements, ne faut-il pas en réclamer deux, le premier, c'est qu'on puisse voir la fête, le second c'est qu'on ne risque pas d'être écrasé? Sur ce second point, les mesures sont mieux prises. Le premier laisse à désirer.

La Révolution fut frappée de ce caractère trop dominant de frivolité qui avait prévalu depuis que nos solennités publiques, liées elles-mêmes à l'existence monarchique, célébrant des naissances, des mariages, des avénements, des entrées triomphales de princes, avaient reçu de cette circonstance et de la centralisation une teinte plus uniforme, et que, tout en gardant la joie, le superbe appareil, la popularité bruyante, elles avaient perdu en signification et en originalité. La Révolution conçut le louable dessein de leur rendre la portée qui leur manquait; elle voulut en faire une branche de l'enseignement national. Elle y échoua.

Rappelons les causes de cet échec. Les signaler, c'est travailler à nous préserver des mêmes écueils.

La Révolution était moderne par ses principes : pourquoi ne le fut-elle pas dans des manifestations qui devaient, selon sa pensée, en exprimer l'inspiration, en propager l'influence? Elle préféra se faire antique dans ses fêtes, ou plutôt elle s'imagina qu'elle l'était en s'adressant à des accessoires détachés d'un ensemble harmonieux, en dorant les cornes des bœufs attelés aux chars, en couronnant des enfants de violette, des adolescents de myrte, des hommes mûrs feuilles de chêne, des vieillards de feuilles d'olivier, en formant des chœurs, non plus avec l'élite de la ville, comme dans les républiques anciennes, mais avec un personnel inférieur et stipendié. Bizarres anachronismes de civilisation dont je vois un type frappant dans cette fête dite de l'*Opinion* qui, terminant les jours appelés *sans culottides*, célébrés tous les quatre ans, prétendait renouveler la liberté des propos injurieux adressés aux triomphateurs chez les Romains, et devait donner à chacun le droit d'outrage à l'égard des puissants et des illustres, comme si la liberté moderne avait besoin de cette fête, et comme si nos mœurs ne remplissaient pas suffisamment, sans attendre le terme de quatre années, l'office que l'on confiait à une institution spéciale! Qu'était-ce aussi sinon une réminiscence des Saturnales que cette scène singulière dite le *Triomphe du pauvre,* décrétée dans une de nos contrées? Un riche suspect faisait asseoir le pauvre, se tenait derrière lui, le servait à table. Étrange symbole de l'égalité qui, comme dans plus d'un système, n'aboutissait ici qu'à intervertir les rangs? Outre ce principe que les fêtes nationales doivent être du pays et du temps, il en est un autre non moins essentiel, c'est qu'elles doivent être libres, spontanées, comme les sentiments qu'elles expriment. Cette époque elle-même n'en avait-elle pas fait l'expérience peureuse dans la seule fête complétement belle qu'elle présente, celle de la Fédération, dont le succès fut dû non-seulement à la grandeur réelle du spectacle, mais à l'élan de l'enthousiasme dans l'illusion d'une heure de concorde... que sont les fêtes où l'âme n'est pas? La Révolution, qui inscrivait le mot *liberté* dans sa devise, l'oubliait trop dans ces organisations purement artificielles, qui sentent la contrainte, et où tout est noté d'avance au programme. A une cérémonie funéraire en l'honneur de Marat, tandis que son buste étalé partout et son cœur même étaient présentés à l'idolâtrie populaire, on fit des libations à ce qu'il plut aux organisateurs d'appeler ses mânes. Rien de plus mécanique que l'ordre de cette cérémonie. Entre chaque partie du programme, composée de couplets et de cris lamentables, il est prescrit de *vider les urnes,* ce qui, dans le style du temps, voulait dire *vider les verres.* Cette dernière opération est même renouvelée très-fréquemment. Dans une autre solennité il est dit qu'à un moment marqué toutes les mères devront regarder leurs enfants avec des yeux attendris. Ailleurs on indique l'instant où « le peuple ne pourra plus contenir son enthousiasme ; il poussera des cris d'allégresse qui rappelleront le bruit des vagues d'une mer agitée, que les vents sonores du midi soulèvent et prolongent d'échos en échos dans les vallons et les forêts lointaines ». Dans un plan présenté par Merlin, de Thionville, et adopté, le peuple tout entier doit se mettre à chanter à la fois, puis s'écrier : « Vive le Peuple ! » Merlin ajoute : « Le peuple, *retenu par le charme*, dînera sur l'herbe, se mettra à danser... La nuit *surprendra* le peuple dans l'ivresse de la joie et du bonheur ; quelques milliers de fusées volantes, nobles et vives images de l'élan républicain à l'escalade de la tyrannie, s'élèveront dans les airs qu'elles embraseront, et, en y attirant tous les regards, elles *feront cesser* les jeux de la jeunesse *sans laisser apercevoir* qu'elles les interrompent, et *ce sera en chantant quelque refrain chéri que les citoyens retourneront dans leurs foyers.* » Fort bien, sommes-nous tenté de dire, mais si le peuple se montrait récalcitrant, si, moins retenu par le charme qu'on ne le suppose, il ne dînait pas sur l'herbe, s'il ne dansait pas, si les fusées volantes n'avaient pas les effets prévus, et si ce n'était pas enfin en chantant des refrains chéris qu'il regagnait sa demeure, que deviendrait la vérité du programme ? Où serait l'effet attendu de ces épisodes sur lesquels on compte si bien que l'exécution semble avoir toute la précision de la manœuvre ? Ce que nous montre en outre avec non moins de force la même célèbre expérience, c'est à quel degré d'impuissance aboutit, en matière de fêtes, l'abus soit des allégories mythologiques ou de toute autre nature, soit des abstractions morales, dont une société raisonnable et positive est si souvent tentée de se servir, lorsqu'elle veut se donner l'imagination qui lui manque. Qu'attendre du paganisme sensuel avec lequel on célébrait la déesse Raison? Qu'attendre des emblèmes qui figuraient dans la fête de l'Être suprême? Qu'attendre de ces idées pures qu'on prétendait solenniser, de ces célébrations de vertus dont la modestie répugne à tout ce bruit fait en leur faveur? Quelle chance les plus ingénieuses mises en scène en l'honneur de la bienfaisance et de l'amitié auront-elles d'augmenter le nombre des gens bienfaisants et des amis? Et comment espérer de grands effets pour les vertus conjugales d'une fête des *bons ménages,* même en la supposant plus facile qu'elle ne l'est à parer de poétiques attributs?

Donner une telle importance aux solennités publiques, croire qu'elles peuvent reprendre le rôle et le rang qu'elles eurent à d'autres époques, n'est-ce pas une véritable illusion que démontre la comparaison de notre état social avec les sociétés du passé?

La prédominance de la vie publique chez les anciens qui les pousse à rechercher leurs plaisirs au dehors et à donner à leurs fêtes l'empreinte de la cité ou de l'État, si supérieur à l'individu qu'il semble se l'approprier tout entier, les loisirs que laissent l'esclavage et le climat, le tempérament méridional avide de mouvement et de spectacle, le développement d'une *plèbe* qu'il faut distraire à tout prix, et qu'il est dans l'intérêt des partis ou des chefs d'État de gagner ou de retenir par des plaisirs devenus un moyen d'influence et de gouvernement, tous ces faits expliquent dans l'antiquité ce besoin insatiable, cette passion tyrannique, passion telle que les Athéniens, pour la satisfaire, écraseront les riches d'impôts, y dépenseront jusqu'à l'argent de la flotte et y consacreront, au dire de Plutarque, des sommes supérieures à celles qu'absorbèrent les guerres avec les Perses. A Rome, des ressources infinies sont mises au service de cette même fureur qu'expriment les mots célèbres : *Panem et circenses*. Une magnificence inouïe, qu'entretiennent les trésors du monde conquis, une recherche de l'extraordinaire et du gigantesque qui arrive à des effets presque invraisemblables par l'étendue des proportions, une cruauté sanguinaire et la plus extrême licence, sont des traits par lesquels la Rome des derniers temps de la République et celle des empereurs tour à tour défient notre imitation ou tombent au-dessous d'elle.

Le besoin des fêtes doit au moyen âge son énergique développement à des causes toutes différentes et qui ont également disparu. La vie est sombre, durement éprouvée. Les fêtes sont avidement recherchées comme un puissant dérivatif. Il faut échapper au sentiment pénible, accablant, d'une existence sur laquelle pèsent des tâches monotones, dans des villes malsaines, une oppression qui prend toutes les formes, des guerres destructives, des épidémies, des famines. Les fêtes sont comme une revanche contre toutes ces causes de compression et de tristesse ; c'est une explosion d'enthousiasme, de curiosité, de rire, de joie par moments délirante, effrénée, où l'on trouve mêlées des idées mystiques, des inspirations élevées, touchantes, et des épisodes burlesques, des allusions malicieuses d'une singulière liberté. Enfin la vie municipale, pleine dans certaines contrées de force et d'éclat, se déploie sous cette forme avec une pompe, une richesse qui laissent comme un sillon lumineux dans l'histoire des républiques italiennes, des villes commerçantes des Pays-Bas, et de nos grandes communes du Midi et du Nord.

Combien aussi de circonstances propices, de moyens de produire de puissants effets, également disparus, pendant longtemps une féodalité riche et guerrière, les splendides tournois, les brillantes cavalcades composées de quatre à cinq cents seigneurs magnifiquement vêtus faisant leur entrée dans les villes, l'éclat extraordinaire d'opulents et majestueux costumes civils, militaires, sacerdotaux, d'hommes et de femmes, auprès desquels font une assez triste figure nos vêtements pauvres, étriqués, uniformes qui n'ont qu'un mérite auquel nous tenons, celui d'être le signe visible de l'égalité !

Aujourd'hui la vie privée l'emporte sur la vie publique ; la famille a ses fêtes, la société ses plaisirs, ses réunions, ses bals, la ville ses curiosités de tout genre, ses magasins remplis d'objets d'art et des produits les plus divers, ses cafés étincelants, ses théâtres, en nombre pour ainsi dire illimité, offrant chaque soir des spectacles qui réunissent tout, la musique, la danse, le décor, l'expression de la passion, la folle gaieté, tout ce qui peut attirer et satisfaire un public de toutes les classes.

Quand on possède tous ces moyens de distractions, d'émotions, comment serait-on aussi pressé d'aller les demander à des solennités exceptionnelles, aussi disposé à donner à celles-ci une extension extraordinaire? Le voulût-on, ne viendrait-on pas se heurter à des causes permanentes et profondes qui empêcheront toujours les solennités publiques d'atteindre chez nous à l'éclat et à la puissance morale qu'elles eurent à d'autres époques? Notre civilisation repose sur un fondement qui semble y faire un invincible obstacle. Son principe est la division des éléments que des sociétés antérieures, l'antiquité surtout, confondaient au contraire, et qui apparaissaient dans les solennités publiques avec leur unité puissante, quelle que fût la variété pleine de charme et d'éclat de chacune des parties. Tout s'y présentait réuni, l'élément religieux, en tête, si éminemment favorable aux imposants et gracieux symboles, à la grandeur morale, quand le culte était noble et pur, comme dans les admirables Panathénées, l'élément civil, l'élément militaire, les arts de la pensée, de l'imagination, de la main, les exercices du corps. Chacun de ces éléments a chez nous sa représentation spéciale, ses fêtes brillantes, parfois magnifiques et touchantes, comme celles du culte, soit qu'elles se renferment dans les temples, soit qu'elles s'exposent aux regards des populations; mais dans toutes ces solennités vouées à tel ou tel art, à telle ou telle pensée, n'êtes-vous pas frappé de voir jusqu'à quel point se divisent comme autant de rayons l'idée morale, l'idée utile, l'idée du beau? Ici c'est l'industrie, là c'est la science ou la littérature, ici c'est la peinture et la sculpture, là c'est la musique. Partout la spécialité, presque jamais l'harmonieux concours de toutes les formes, qui frappe, saisit, enveloppe l'homme tout entier! Quelle concurrence cette multiplicité de célébrations distinctes fait en outre aux solennités civiles réduites presque aux seuls moyens qui leur sont propres!

Voilà pourquoi je me refuse à entrer dans des pensées trop ambitieuses mises parfois en avant par des esprits sages d'ailleurs, sans parler de ces utopistes qui rêvent des fêtes colossales, fabuleuses, dans des civilisations nouvelles dont ils prétendent avoir le secret, et dont ils nous font connaître à l'avance les derniers détails. Je laisse le chef de l'école phalanstérienne, Charles Fourier, avec une imagination digne de Rabelais, décrire une immense solennité gastronomique qui tient ses assises à Constantinople, devenue capitale du monde, et où le vainqueur, déclaré triomphateur en petits pâtés, reçoit, au milieu des célébrations les plus réjouissantes, toutes sortes de prix glorieux et de titres de rente, de la reconnaissance des nations. Je laisse le chef de l'école positiviste, M. Auguste Comte, bien éloigné de croire que l'ère positive clora celle des fêtes, les égaler au nombre des hommes éminents en tous les genres et des inventions utiles, sauf à en rompre la monotonie par des solennités vengeresses, où les personnages illustres ayant joué un rôle rétrograde sont célébrés par ces formidables grognements qui saluent dans certains meetings, à plusieurs reprises, les noms impopulaires.

Tout en se proposant des réformes restreintes, est-ce à dire qu'elles n'aient pas d'importance? Ne peut-on, d'une manière sensiblement plus marquée, ajouter à l'utile, au beau, à l'idée morale et patriotique, sans nuire, bien loin de là, en contribuant à l'agrément des fêtes publiques?

N'y a-t-il pas d'abord des réformes négatives, celles qui consistent à éliminer les éléments immoraux ou grossiers?

Comment ne pas approuver, par exemple, la suppression de l'humiliante coutume de jeter des vivres au peuple qui se les disputait dans la poussière ou dans la boue?

Ne devons-nous pas considérer comme définitive l'abolition de ces fêtes d'un grotesque sans gaieté et mêlées de scènes d'orgie qui remplissaient trois jours d'hiver? Qui regrettera les pompes du bœuf gras aussi stériles pour l'agriculture que pour la morale?

Ah! qu'on tente donc aussi de plus sérieux efforts pour faire disparaître, dans nos pays du Nord, l'ignoble et scandaleuse licence des kermesses qui fait tomber des nations chrétiennes au niveau de la honteuse intempérance et des turpitudes infâmes des Dyonisiaques!

Allons-nous donc maintenant ajouter, comme quelques-uns le demandent avec une insistance dont nous avons eu encore la preuve récente (1), des épisodes d'un caractère féroce à nos solennités nationales? Suffit-il à notre civilisation que la vue des sacrifices humains ne soit plus donnée comme un spectacle quotidien dans l'amphithéâtre? Faudra-t-il voir revivre les combats des animaux sur l'arène ensanglantée? La rouvrira-t-on pour les luttes de taureaux? Que le sentiment public proteste énergiquement contre ces nouveautés meurtrières, il le doit. Qu'on aille voir ces combats dans un pays voisin, ou seulement qu'on en lise les détails chez les écrivains même qui ont cherché à nous y intéresser. Ces détails sont horribles. On prétend que ces

---

(1) Il a été répondu, à la date du 4 septembre, à cette nouvelle pétition par une lettre de M. Beulé, ministre de l'intérieur, qui motive son refus en invoquant les raisons que nous faisons valoir ici.

spectacles aguerrissent. Rien n'est plus faux : ils endurcissent les cœurs sans les empêcher d'être lâches. On y voit les femmes mêmes, et dans la société la plus cultivée, y prendre le goût du sang répandu, et demander du geste, comme ces impitoyables matrones romaines, qu'on frappe au bon endroit et qu'on tue ! Est-on certain qu'ils ne soient pour rien, ces combats si populaires en Espagne, dans cette facilité à se porter à des massacres dont le récit nous épouvante, chez un peuple pourtant brave et généreux ? Adoucir les combats de taureaux ! Le peut-on sans détruire l'intérêt du spectacle, sans se condamner à le ramener bientôt tout entier ? J'insiste ; qu'on me le pardonne ! C'est moins encore le vœu qu'il faut repousser que la pensée qui l'inspire. Pendant ce temps-là, on réclame aussi des émotions d'un autre genre pour ranimer la langueur d'amusements insuffisants, à ce qu'il paraît, le rétablissement des maisons de jeu, l'institution permanente de ces loteries que certains empereurs eurent l'idée de mêler aux fêtes publiques, et qu'on voudrait voir revivre sous l'honnête prétexte qu'elles versent aux pauvres, dont elles dévorent l'épargne, l'ivresse des rêves dorés. Tant tout se tient dans l'ignominieux système qui fait servir le besoin de distractions et de plaisirs à la dégradation des peuples !

Quant aux réformes d'une nature moins négative, je me borne à faire des vœux, au plus à indiquer la voie, sans prétendre tracer un programme. C'est au public à s'y associer, à y travailler. Au fond ce ne sont ni les gouvernements, ni les philosophes, ce sont les peuples qui sont les vrais poëtes des fêtes. Développons plus d'un heureux germe, ne reculons même pas devant les innovations que le goût avoue et qui sont conformes à l'esprit du temps. Nos expositions universelles sont d'admirables fêtes consacrées à l'industrie, cette gloire propre de notre siècle, et à une partie notable des beaux-arts. Elles racontent la grandeur du travail et du génie de l'invention en y joignant ce caractère de cosmopolitisme qui, appelant toutes les nations à figurer au concours, semblent faire de l'Europe moderne une Grèce agrandie. L'homme, un peu caché sous le produit, ne pourrait-il y être mis parfois plus en relief? La musique, la poésie aussi, dans une certaine mesure, sont-elles suffisamment représentées dans ces solennités d'une variété d'ailleurs si imposante et si instructive pour tous? N'y aurait-il pas tout profit pour l'organisation de nos fêtes nationales à faire davantage appel aux artistes? Dans un siècle archéologique, où une curiosité moins futile s'est répandue même dans les masses, pourquoi ne pas multiplier ces représentations de monuments appartenant aux divers âges et aux diverses civilisations, qui ont eu tant de succès déjà en nous faisant connaître les palais et les temples de l'Égypte, du Maroc et d'autres contrées? Telles fêtes historiques, admirables par les accessoires, les cortéges pleins de grands souvenirs, et surtout empreintes de la plus haute et de la plus émouvante inspiration patriotique, comme celle qu'Orléans célèbre en commémoration de Jeanne d'Arc, et comme en possèdent d'autres grandes villes, ne pourraient-elles pas avoir leurs analogues à Paris? Est-ce que les représentations gratuites de chefs-d'œuvre, si vivement goûtées par une population mise en présence de l'héroïque et du sublime et d'une gaieté immortelle comme la nature humaine qui en fournit les traits, et comme le génie, qui les a mis en œuvre, ne devraient pas être moins parcimonieusement ménagées sur nos scènes? Est-ce que les encouragements qui seraient portés du côté d'un théâtre nouveau et national, parlant aux yeux et à l'âme, resteraient nécessairement frappés d'une complète inefficacité, et n'en sortirait-il pas tout au moins de vigoureuses et populaires ébauches d'un puissant effet patriotique? L'admirable concert qui chaque dimanche exécute la plus belle musique, ne pourrait-il pas servir aussi de modèle à d'autres d'un genre différent? Les exhibitions d'œuvres d'art, les expositions particulières, les jeux de force et d'adresse, qui tenaient tant de place dans nos vieilles communes, les manœuvres d'une agile et robuste jeunesse, tout cela n'est-il pas pratiqué avec étendue et succès par d'autres peuples qui ne craignent pas non plus de consacrer ces solennités à leurs grands hommes? Tient-on absolument à ce que nos fêtes portent toujours des dates exclusivement politiques? Ces solennités toutes politiques qui se succèdent en se contredisant, en s'accusant les unes les autres, quel effet moral peuvent-elles avoir? Ne sontelles pas comme une école ouverte de scepticisme, depuis assez longtemps, devant le peuple? Je me hâte de faire cette remarque : demain peut-être il ne serait plus temps. Les solennités nationales sont faites pour aller au cœur de la nation tout entière, et non pour mettre à nu, aviver ses divisions, réjouir les uns, contrister les autres. Ah! combien serait grande une fête qui ne serait consacrée qu'à la France! Toutes nos provinces y viendraient, les absentes y seraient aussi par leur pensée et par la nôtre. Elle ne laisserait de place qu'à une fête plus belle, celle qui, réunissant les membres séparés d'un même peuple, ferait briller sur tous les visages l'image radieuse de la justice satisfaite et de la patrie réparée.

www.ingramcontent.com/pod-product-compliance
Lightning Source LLC
Chambersburg PA
CBHW060921050426
42453CB00010B/1847